D0914591

LOS PRINCIPIOS DE LA DEMOCRACIA

¿QUÉ ES LA REGLA DE LA MAYORÍA?

JOSHUA TURNER

TRADUCIDO POR ESTHER SARFATTI

PowerKiDS press.

New York

Published in 2020 by The Rosen Publishing Group, Inc.
29 East 21st Street, New York, NY 10010

First Edition

Translator: Esther Sarfatti
Editor, Spanish: María Cristina Brusca
Book Design: Reann Nye

Photo Credits: Seriest art Bplanet/Shutterstock.com; cover wavebreakmedia/ Shutterstock.com; p. 5 Nastasic/DigitalVision Vectors/Getty Images; p. 7 Africa Studio/Shutterstock.com; p. 9 Rob Crandall/Shutterstock.com; pp. 11, 21 Hero Images/Getty Images; p. 13 https://commons.wikimedia.org/wiki/File:Russell_ Lee,_Tagged_for_evacuation,_Salinas,_California,_May_1942.jpg; p. 15 Hulton Archive/Getty Images; p. 17 Evan El-Amin/Shutterstock.com; p. 19 Everett Historical/Shutterstock.com; p. 22 wavebreakmedia/Shutterstock.com.

Cataloging-in-Publication Data

Names: Turner, Joshua.
Title: ¿Qué es la regla de la mayoría? / Joshua Turner.
Description: New York : PowerKids Press, 2020. | Series: Los principios de la democracia | Includes glossary and index.
Identifiers: ISBN 9781538349281 (pbk.) | ISBN 9781538349304 (library bound) | ISBN 9781538349298 (6 pack)
Subjects: LCSH: Proportional representation—United States—Juvenile literature. | Majorities—Juvenile literature. | Minorities—-Civil rights—United States—Juvenile literature. | Democracy—United States—Juvenile literature.
Classification: LCC JF1075.U6 T87 2019 | DDC 323.5—dc23

Manufactured in the United States of America

CPSIA Compliance Information: Batch #CSPK19: For Further Information contact Rosen Publishing, New York, New York at 1-800-237-9932

CONTENIDO

★ ★ ★ ★ ★ ★ ★ ★ ★ ★

¿QUÉ ES LA REGLA DE LA MAYORÍA? . . . 4

EQUIDAD Y ACUERDOS 6

LA REGLA DE LA MAYORÍA Y
LA DEMOCRACIA 10

¿CUÁNDO ES NEGATIVA LA REGLA DE
LA MAYORÍA? 12

PROTECCIÓN DE LA MINORÍA 14

¿TIENE RAZÓN SIEMPRE LA MAYORÍA? . . 16

EL GOBIERNO DE LA MINORÍA 18

LA IMPORTANCIA DEL DEBER CÍVICO . . 20

¡HAZTE OÍR! 22

GLOSARIO 23

ÍNDICE 24

SITIOS DE INTERNET 24

¿QUÉ ES LA REGLA DE LA MAYORÍA?

★ ★ ★ ★ ★ ★ ★ ★ ★ ★

Estados Unidos es una república, un tipo de gobierno democrático en el cual la gente vota por unos representantes para que tomen las decisiones. Los representantes son personas que representan, o hablan por los ciudadanos en el Gobierno.

Uno de los aspectos más importantes que debe tener una democracia es la idea de la regla de la mayoría. Si más gente apoya y vota por un **candidato**, ese candidato gana las elecciones. Si más gente apoya una ley o una **política**, esa ley o política se **promulga**.

★ ★ ★ ★ ★ ★ ★ ★

EL ESPÍRITU DE LA DEMOCRACIA

La antigua Roma fue una de las primeras repúblicas. Los ciudadanos votaban por senadores para representarlos a ellos y sus intereses. Los Padres Fundadores de Estados Unidos trataron de copiar a los romanos cuando fundaron el nuevo Gobierno del país.

★ ★ ★ ★ ★ ★ ★ ★

La regla de la mayoría y la democracia existe desde los tiempos de los antiguos griegos y romanos, hace más de 2,000 años.

5

EQUIDAD
Y ACUERDOS

★ ★ ★ ★ ★ ★ ★ ★ ★

Una de las razones por las cuales la regla de la mayoría es atractiva es que parece equitativa. Por ejemplo, imagina que un grupo de cinco amigos quiere pedir una *pizza*. Si solamente dos de ellos quieren verduras en la *pizza*, no es equitativo que la *pizza* entera tenga verduras.

Puesto que hay más gente que no quiere verduras, es la mayoría la que manda. La mayoría puede decidir no poner verduras en la *pizza*. O podría llegar a un acuerdo con los otros y poner verduras solamente en la mitad para que la **minoría** esté contenta.

Cuando la gente llega a acuerdos, cada uno de los lados **cede** algo para evitar discusiones. ▶

★ ★ ★ ★ ★ ★ ★ ★ ★ ★ ★

Los acuerdos son necesarios en una democracia, incluso cuando estás en la mayoría. Cuando se hacen las leyes, se necesita el apoyo de muchos representantes. Se tienen que aprobar en la Cámara de Representantes y en el Senado. Finalmente, deben ser firmadas por el presidente.

Para que una ley tenga el apoyo de la mayoría, los **legisladores** deben llegar a acuerdos para contentar a un número mayor de personas. Esto significa que incluso la mayoría algunas veces no conseguirá todo lo que quiere. Sin embargo, la ley final resultará aceptable para más gente.

En una democracia, la mayoría decide qué leyes se hacen y quiénes participan en el Gobierno. ▶

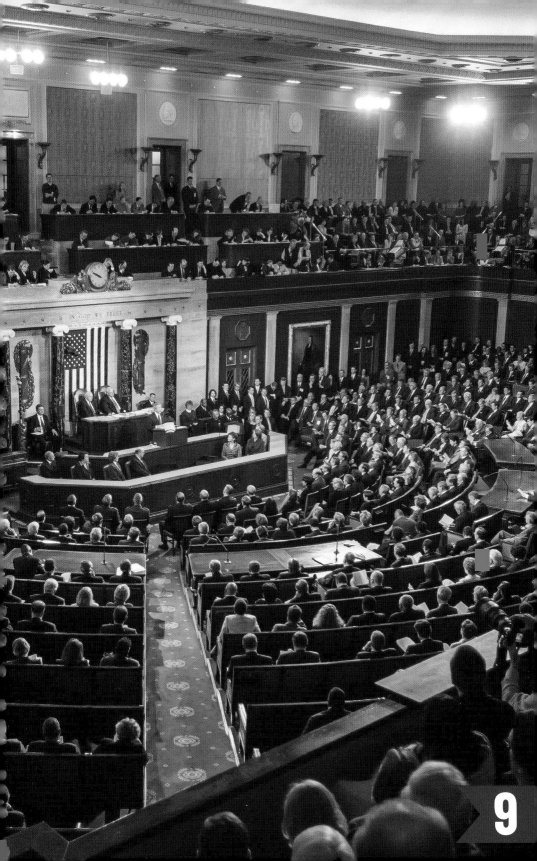

9

LA REGLA DE LA MAYORÍA Y LA DEMOCRACIA

★ ★ ★ ★ ★ ★ ★ ★ ★

En una democracia, la mayoría se hace oír a través de las elecciones. Los representantes se eligen por voto mayoritario. Después, esos cargos electos pasan leyes, esperando que la mayoría esté de acuerdo con sus decisiones. Si trabajan bien, la mayoría los volverá a elegir cuando su mandato se haya terminado.

También existen otras maneras en que la mayoría se puede hacer oír en una democracia. En un referéndum, los legisladores no votan sobre un asunto. En su lugar, la población decide directamente. La gente vota para decidir si una política se debe convertir en ley.

★ ★ ★ ★ ★ ★ ★ ★ ★

EL ESPÍRITU DE LA DEMOCRACIA

Las primeras elecciones en Estados Unidos tuvieron lugar en 1788. En esas elecciones, George Washington ganó el primero de sus dos mandatos como presidente. Washington ganó por **unanimidad**.

★ ★ ★ ★ ★ ★ ★ ★ ★

A través del voto, ya sea por un candidato o algún asunto en particular, se hace oír la voz de la mayoría en una democracia.

¿CUÁNDO ES NEGATIVA LA REGLA DE LA MAYORÍA?

★ ★ ★ ★ ★ ★ ★ ★ ★ ★

Cuando la regla de la mayoría funciona de forma negativa, se llama *tiranía* de la mayoría. Cuando esto ocurre, los grupos de la minoría son maltratados porque sus puntos de vista son diferentes de los de la mayoría.

A veces, un candidato mayoritario aprueba leyes que son buenas para la mayoría sin pensar en los derechos o el bienestar de la minoría.

En Estados Unidos, esto ocurrió justo después de la guerra de Secesión, cuando los estados sureños votaron por **segregar** a los negros de los blancos. Volvió a ocurrir durante la Segunda Guerra Mundial, cuando los estadounidenses de origen japonés fueron enviados a campos de **internamiento**.

Algunas veces, la regla de la mayoría puede llevar a malas decisiones, como la de internar a los estadounidenses de origen japonés en campos durante la Segunda Guerra Mundial.

PROTECCIÓN DE LA MINORÍA

★ ★ ★ ★ ★ ★ ★ ★ ★ ★

En algunas ocasiones, la regla de la mayoría puede causar daño a los grupos minoritarios. Por eso, en una democracia, es tan importante la **protección** de los derechos de las minorías. En Estados Unidos, los derechos de las minorías se protegen mediante el **activismo** y las enmiendas, o cambios, a la Constitución.

Los movimientos activistas ayudan a proteger a las minorías. Ha habido movimientos históricos que han protegido los derechos de los votantes, las mujeres, los trabajadores y la gente de color. Aunque sigue mandando la mayoría, no se le permite seguir adelante con políticas mayoritarias injustas y peligrosas.

★ ★ ★ ★ ★ ★ ★ ★ ★ ★

EL ESPÍRITU DE LA DEMOCRACIA

Martin Luther King Jr. fue uno de los activistas de derechos civiles más importantes de la historia de Estados Unidos. Dedicó su vida a proteger a las minorías y luchar por los derechos de los afroamericanos, trabajadores y ciudadanos pobres.

★ ★ ★ ★ ★ ★ ★ ★ ★ ★

La protección de la minoría ocurre cuando los activistas llaman la atención sobre las malas leyes o acciones dañinas de la mayoría.

15

¿TIENE RAZÓN SIEMPRE LA MAYORÍA?

★ ★ ★ ★ ★ ★ ★ ★ ★

Cuando una mayoría de gente cree algo, a menudo resulta ser moral u objetivamente correcto. Sin embargo, la regla de la mayoría no siempre tiene razón. La mayoría podría apoyar una guerra que tenga malos resultados. Podría dar su apoyo a un candidato que no es un buen líder.

En Estados Unidos se protege a las minorías porque sabemos que a veces la mayoría se equivoca. Una persona nunca debería sentirse mal o equivocada por estar en la minoría.

★ ★ ★ ★ ★ ★ ★ ★ ★

EL ESPÍRITU DE LA DEMOCRACIA

Alexander Hamilton, uno de los Padres Fundadores, ayudó a dar forma a la Constitución y al Gobierno de Estados Unidos. Se aseguró de que no fuera demasiado fácil que la mayoría siempre se saliese con la suya.

★ ★ ★ ★ ★ ★ ★ ★ ★

El presidente Barack Obama estaba en la minoría cuando habló por primera vez en contra de la guerra de Irak (2003-2011), pero ahora la mayoría comparte su punto de vista.

EL GOBIERNO DE LA MINORÍA

★ ★ ★ ★ ★ ★ ★ ★ ★ ★

¿Qué separa a la democracia de otros tipos de gobierno? En una democracia, la minoría no manda, pero en países no democráticos una minoría puede gobernar a la mayoría.

A menudo esto tiene resultados negativos para los ciudadanos de un país si los puntos de vista mayoritarios no son los mismos que los de la minoría gobernante. Puede llevar a la **represión** y a condiciones peligrosas para la mayoría de la gente. Una de las razones por las cuales Estados Unidos se convirtió en país fue porque la gente quería dejar el gobierno minoritario del rey de Inglaterra.

A finales del siglo XVIII, George Washington dirigió a Estados Unidos en la guerra de Independencia para poner fin al Gobierno minoritario del rey de Inglaterra.

19

LA IMPORTANCIA DEL DEBER CÍVICO

★ ★ ★ ★ ★ ★ ★ ★ ★ ★

Para que la mayoría pueda gobernar bien, todos los ciudadanos deben cumplir con su deber cívico. Esto significa que los ciudadanos deben votar en las elecciones y prestar atención a las noticias. También deben entender los problemas a los que se enfrenta su país.

Una buena mayoría es una mayoría **informada**. Una buena mayoría también entiende el punto de vista de la minoría, aunque no esté de acuerdo con él. Para que la regla de la mayoría pueda ser equitativa y beneficie a la mayor cantidad de gente posible, cada persona debe poner de su parte.

★ ★ ★ ★ ★ ★ ★ ★ ★ ★

EL ESPÍRITU DE LA DEMOCRACIA

Thomas Jefferson, el tercer presidente de nuestra nación, apoyaba firmemente la educación pública. Él creía que era la única forma de que la mayoría de los ciudadanos estuviera informada y tomara buenas decisiones acerca de su Gobierno.

Una buena forma de cumplir con el deber cívico es que los ciudadanos asistan a reuniones públicas con sus representantes.

21

¡HAZTE OÍR!

★ ★ ★ ★ ★ ★ ★ ★ ★ ★

A lo largo de tu vida, tendrás puntos de vista y opiniones que estarán unas veces en la mayoría y otras en la minoría. En una democracia, una de las acciones más importantes que puedes llevar a cabo es hacer que tu voz se oiga.

Si estás en la mayoría, tu voz se escuchará con más fuerza. Si estás en la minoría, representarás una **disidencia** que tal vez convenza a otras personas. De cualquier manera, la gente debe hacerse oír para que la sociedad sepa dónde está la mayoría.

GLOSARIO

activismo: hecho de actuar con fuerza a favor o en contra de una cuestión.

candidato: alguien que se presenta a un trabajo, posición o premio.

ceder: dar o transferir una cosa o derecho a otra persona.

disidencia: desacuerdo público con una opinión, decisión o conjunto de creencias oficiales.

informado/a: que tiene información o conocimiento acerca de algo.

internamiento: hecho de poner a alguien en una prisión por razones políticas durante una guerra.

legislador/a: persona que hace leyes.

minoría: grupo que es una parte pequeña de un grupo más grande.

política: conjunto de reglas o ideas aceptado oficialmente acerca de qué hay que hacer.

promulgar: publicar formalmente una ley.

protección: hecho de mantener a alguien o algo fuera de peligro.

represión: hecho de usar la fuerza para controlar a alguien o algo.

segregar: separar a la gente de acuerdo a su raza, clase u origen étnico.

tiranía: trato cruel e injusto por parte de personas que tienen poder sobre otras.

unanimidad: cuando todo el mundo está de acuerdo en algo.

ÍNDICE

★ ★ ★ ★ ★ ★ ★ ★ ★

A

activismo, 14, 23
acuerdo, 6, 8, 10, 20

C

Cámara de Representantes, 8
candidatos, 4, 11, 12, 16, 23

D

disidencia, 22, 23

E

elecciones, 4, 10, 20

L

leyes, 4, 8, 10, 12, 15

M

minorías, 6, 12, 14, 15, 16, 17,
18, 20, 22, 23

P

presidente, 8, 10, 17, 20

R

referéndum, 10
represión, 18, 23

S

Senado, 8

T

tiranía, 12, 23

SITIOS DE INTERNET

★ ★ ★ ★ ★ ★ ★ ★ ★

Debido a que los enlaces de Internet cambian constantemente,
PowerKids Press ha creado una lista de sitios de Internet relacionados
con el tema de este libro. Este sitio se actualiza con regularidad.
Por favor, utiliza este enlace para acceder a la lista:
www.powerkidslinks.com/pofd/maj